薛令之

（683—756）

“福建历史文化名人丛书”编委会

福建历史文化名人丛书

福建省社会科学界联合会 编

薛令之

开闽进士 清廉典范

薛建雄 陈智文 编著

海峡出版发行集团 | 福建人民出版社
THE STRAITS PUBLISHING & DISTRIBUTING GROUP | FUJIAN PEOPLE'S PUBLISHING HOUSE

图书在版编目（CIP）数据

薛令之：开闽进士　清廉典范/薛建雄，陈智文编著.
--福州：福建人民出版社，2017.9（2020.11重印）
（福建历史文化名人丛书）
ISBN 978-7-211-07804-2

Ⅰ.①薛…　Ⅱ.①薛…　②陈…　Ⅲ.①薛令之（683-756）
—生平事迹　Ⅳ.①K827=42

中国版本图书馆CIP数据核字（2017）第230728号

薛令之
XUELINGZHI
——开闽进士　清廉典范

作　　者：	薛建雄　陈智文		
责任编辑：	何水儿		
出版发行：	福建人民出版社	**电　　话：**	0591-87604366(发行部)
网　　址：	http://www.fjpph.com	**电子邮箱：**	fjpph7211@126.com
地　　址：	福州市东水路76号	**邮　　编：**	350001
经　　销：	福建新华发行（集团）有限责任公司		
印　　刷：	福建省金盾彩色印刷有限公司		
地　　址：	福州市金山浦上工业区D区24幢		
开　　本：	700毫米×1000毫米　1/16		
印　　张：	5		
字　　数：	52千字		
版　　次：	2017年9月第1版	2020年11月第2次印刷	
书　　号：	ISBN 978-7-211-07804-2		
定　　价：	25.00元		

总 序

李 红

社会科学承载着“认识世界、传承文明、创新理论、咨政育人、服务社会”的重要功能，是人类赖以传承的精神支柱。近年来，福建省各级各部门认真贯彻《福建省社会科学普及条例》，社会科学普及工作扎实开展、稳步推进，通过举办全省社科普及宣传周、建立社科普及基地、开办社科普及讲坛等社科普及咨询平台载体，其制度化、常态化、大众化工作取得了明显成效。

习近平总书记指出，文化是民族生存和发展的重要力量，中华优秀传统文化已经成为中华民族的基因，植根在中国人内心，潜移默化地影响着中国人的思维方式和行为方式。福建文化是中华文化中极富特色的一部分，深度融入了中国文化的进程，展现出突破陈规、积极进取、兼容并包、锐意创新的胸襟和气魄。向大众传播福建优秀的历史文化知识，是福建省社科普及工作的重要内容。以接福建地气、讲福建故事、塑福建形象、续福建文脉的姿态编辑出版的“福建历史文化名人丛书”，既较为全面地展示了福建文化深厚的历史底蕴和丰富的人文精神，也为福建当下的社会文化建设提供了有益的资鉴。“福建历史文化名人丛书”所包含的朱熹、林则徐、严复、陈嘉庚等人物传记，记录了福建

文化之于中国历史的影响，同时也以人物史的叙述方式生动地展现出中国人文精神的风骨和传统文化的传承。

今天，我们提倡和弘扬社会主义核心价值观，必须从中华优秀传统文化中汲取丰富营养，否则就会缺乏生命力和影响力。“福建历史文化名人丛书”记录了福建历史文化人物的价值观践行轨迹，重温了这批福建历史文化乃至中国历史文化史上重要人物的生命历程，以浅显晓畅、通俗易懂的叙述方式讲述了中华优秀传统文化传承的当代意义，开辟了社会科学知识进入千家万户的新路子。

“最忆市桥灯火静，巷南巷北读书声。”一套好的社会科学普及丛书，总是能带动起读书的风气。将学习作为一种追求、爱好和健康的生活方式，也是“福建历史文化名人丛书”所期望实现的目标。在文字中领略福建地域文化魅力，在阅读中传承传统文化养分，在感悟中提升人文道德情操，社会科学普及丛书的出版，可谓正当其时。

（作者系福建省人民政府原副省长，福建省政协原副主席）

目 录

三賢祠

序

张　炯

历朝历代，既有廉吏，也有贪官。礼义廉耻，本为中华优秀文化传统，当今之世，尤应发扬。福安先贤薛令之，曾为唐代帝师，居官清廉，致仕返乡，自奉菲薄。清风明月，千年名传。其乡廉村，现建廉政教育基地，正旨在弘扬优秀文化传统。《薛令之：开闽进士　清廉典范》一书，参阅诸多古籍，包括省志、府志、县志，稽考钩沉，对薛令之平生事迹，论述甚详，并辑有其遗诗多首，使先生形象跃然纸上，实为难得！此书自可传于后世，以光大先生之高风亮节。作为明镜，亦足令今之贪官污吏汗颜！

夫廉洁、廉正、廉明、廉直，乃古来士大夫应修之品德，亦属为政为官者不可或缺之懿范。于今之世，寡廉鲜耻者比比有之，每每令人为之嗟叹！因而，廉政教育益显重要。本书著者嘱余为序，我愿此书有益于当世广大读者，也有益于社会主义精神文明建设。是所至望也！

靈巖禪寺
靈岩禪寺

第一章

勤读诗书 立志稽古

“君不见苏秦与韩信，独步谁知是英俊？一朝得遇圣明君，腰间各佩黄金印。”青少年时期的薛令之在诗中直抒自己远大的抱负，以出身寒微的将相苏秦和韩信自比，自信灵谷中的鱼龙终将如剑之出鞘，得遇圣明君王。

令之出生

相传唐高宗永淳元年（682年）中秋，在石矶津（今福安廉村），一名妇人赶路口渴难耐，走到一口古井前正想打水，只见井水渐涌而上，转眼工夫，井水就与井口持平。妇人见此情景备感新奇，就用手捧井水来喝，觉得井水清冽可口，便一连喝了三口。

明月井

回家之后没多久，妇人就怀孕了，次年中秋月圆之日，产下一名男婴。这名妇人，就是薛令之的母亲；这名男婴，就是薛令之。薛令之长大后号明月先生，便有此渊源。

家族溯源

据薛氏族谱记载，薛令之出生于世代官宦书香之家。他的先祖居于河南高阳（今河南开封市杞县）。南朝梁天监（502—519）年间，一世祖薛贺在梁武帝政权中被封“金紫光禄大夫”之衔，是江南士族。梁武帝为拓展疆土，不时对北朝魏国发起征战，社会动荡不安。为避战乱，南朝梁天监二年（503年），薛贺举家迁离梁都城建康（今南京），自江南辗转入闽，来到长溪县西北的石矶津，成为方志有记载的最早迁入福安境内的人物之一。而这，显然在唐末二十八姓入闽（907—945）、中原文化大规模南播之前。

薛贺迁居福安廉村，为入闽始祖，即一世祖，入闽后生子薛许。

薛许，仕隋户曹司理，生宝尚、宝威二子。

第三世薛宝尚，官上舍，娶李氏，生德茂、德盛、德通；薛宝威，娶崔氏，生德仕、德礼、德行、德彻。

第四世薛德盛，貤赠侍讲国公，娶上官氏，生法超、法嵩、法锵。

第五世薛法超，诰赠侍讲国公。原配章氏未育，继配谢氏，生令之、楚之。

定居长溪

当年薛贺举家迁离梁都城建康入闽，为什么唯独选择了福州府长溪县西北的石矶津？

早在三国时期，吴国就在闽东沿海设“温麻船屯”，负责建造海船。唐代的航海技术虽然有了很大的进步，但是船舶航行一般还要循岸梯航。黄岐港（今福安市下白石镇）位于福州港和温州、宁波港之间，又是福建最北的一个中继港，所以交通上占有重要位置。再加上黄岐港是湾中之港，避风条件好，所以北上的闽船，一般先到黄岐港停泊。有了港口的便利条件，入唐后，闽东的社会经济有了较大的发展，区内福安盆地是闽东最大的平原，其入海处黄岐港的黄岐镇（今下白石）成了这时期福安盆地

明清时期廉村全景图

上的新兴市镇。《福安县志》载："黄岐镇在三十四都，置在唐前。"唐代朝廷还在此设榷务，工商业均已具备一定规模。由此看来，薛氏在该镇上游石矶津定居，是很自然的选择。毕竟，石矶津距黄岐港不到30千米，是黄岐港上游的一个重要码头。从这个角度而言，上文提及的农历八月十五"井水上涨"，也与潮水上涨使井水压力变大有关，并非神秘而不可捉摸。

但总体而言，薛令之时代的福建还属蛮夷之地。但是薛令之却是在极富中原文化氛围的家庭环境中长大。7岁时，薛令之随母谢氏来到今天福安市溪潭镇城山西侧的灵岩山腰筑灵谷草堂。

勤读立志

灵谷草堂是个简陋的茅草屋，青少年时期的薛令之就在这里日夜勤读，开始了发愤图强的十载寒窗。在当时，福建的经济文化不发达，科举制度并不深入人心，"学而优则仕"并没形成普遍的观念。村民们见他家贫还整日"痴迷读书""不务正业"，

都笑话他。

有一天，一个农夫上山垦种，看到在读书的薛令之，再次笑话他。背负着村民异样目光的薛令之写下了《草堂吟》，抒发自己的大志。虽时日久远，我们仍可从清康熙四十四年（1705年）《全唐诗》收录的《灵岩寺》诗中窥见一些细节（诗句据《高岑三廉薛氏族谱》补全）：

草堂栖在灵山谷，勤读诗书向灯烛。
柴门半掩寂无人，唯有白云相伴宿。
春日溪头垂钓归，花笑莺啼芳草绿。
猿鹤寥寥愁转深，携琴独理仙家曲。
曲中哀怨谁知妙？子期能识宫商调。
鱼未成龙剑未飞，家贫耽学人争笑。
君不见苏秦与韩信，独步谁知是英俊？
一朝得遇圣明君，腰间各佩黄金印。
男儿立志须稽古，莫厌灯前读书苦。
自古公侯未遇时，萧条长闭山中户。

《全唐诗》里仅存前面四句，究竟是漏收还是有意删略，不得而知。但我们至少可以从诗中看出，青年薛令之志存高远，是很有政治抱负的。

“勤读诗书向灯烛”，薛令之不仅白天勤读，还挑灯夜读。在当时，八闽还属于闭塞之地，文明之风尚未普及，那么谁来教他？难道是自学成才？

据推算，薛令之在7岁时，他的爷爷还在世。薛令之的爷爷薛德盛这一代，历经唐太宗、唐高宗，对耕读思想深有认识。薛令之的父亲薛法超当时在30岁左右，更是从小受到这种耕读文化的熏陶。书香门第，耳濡目染，再加上薛令之自己的勤奋自学，

小小年纪的他对“四书五经”已相当熟悉。后来薛令之能给太子讲学，应该也是这个时候打下的坚实基础。

在当时的社会背景下，一个家贫的青年人不事稼穑、工商，却结庐灵谷，长闭山中“勤读”“耽学”，这是完全不被周围人理解的。“人争笑”，就不是少数人一般的言笑，而是一种普遍的社会现象。因为在众人的观念里，能取得官位的主要都是凭借门第荫封的权贵子弟，哪里轮得上贫苦山民啊！

当时全国举子成千上万云集长安，参加科举考试，但录取的名额并不多。而这些应试者，大都是国家正规学校培养出来的“生徒”（由国家设立的国子监所管理的国子学、太学、四门学、律学、书学和算学的学生）。他们都是家世显赫的名门子弟，具有殿试及第极为重要的条件——有当朝权贵为后台、有官宦名人作引荐。那时的福建，尚没有一个人靠读书应试踏入仕途、改变命运的。

但作为中原士族后裔的薛令之却能以学为业，对科举入仕充满信心，实属难得。薛令之知道，早在他出生前，唐太宗提倡不拘出身，举贤任能，相继任用魏征、李绩、房玄龄、杜如晦等一批人才，创造了贞观之治的辉煌业绩。虽然及第是小概率事件，但毕竟有希望。薛令之也希望能像那些先贤一样，得到重用，一展才华。毫无疑问，他在期待一个大有作为的时代。

这些，或许是他能耐得住寂寥的山中岁月的主要原因。

从诗中不难看出薛令之关注着朝廷的政治。“猿鹤廖廖愁转深”“曲中哀愁谁知妙”，其间传达的并非私己的愁怨。“猿鹤”比喻君子、读书人，“寥寥”则体现数量少，“猿鹤廖廖”不就说君子太少、小人太多吗？薛令之从传统的儒家道德立场出发，对武则天掌政的宫廷权争深怀不满。

总之，青少年时代的薛令之，心中充满激情。纵观全诗，他抒写了白云做伴、春日垂钓、花笑莺啼的美妙“苦读时光”，道出“家贫耽学人争笑”的无奈心情，也直抒自己远大的抱负，“君不见苏秦与韩信，独步谁知是英俊？一朝得遇圣明君，腰间各佩黄金印”。

薛令之以出身寒微的将相苏秦和韩信自比，自信灵谷中的鱼龙终将如剑之出鞘，得遇圣明君王。灵谷草堂在溪北灵岩山，下有剑水交流，《福安县志》载：“薛明月居此，常闻龙吟声。”

薛家显然期冀令之长大后专攻举业、科举入仕、有所作为，希望薛令之能恢复薛氏“金紫大夫”门第昔日的光荣。薛令之则承袭祖风，对仕途充满信心。

与此同时，从北方传来武则天首创殿试、亲令增加科举人数的消息，他备受鼓舞。

明月祠
康村简介
康村文化景观规划图

第二章

金榜题名　破闽文荒

“十年寒窗苦读，一朝金榜题名。”唐中宗神龙二年（706年），24岁的薛令之高中进士，破闽文荒，成为“开闽第一进士”。这是自隋大业二年（606年）开科取士整整百年来，福建人第一次获此殊荣。

金榜题名

武周长安三年（703年），薛令之从草堂学成回到了廉村，但他没有直接参加考试。其一，当时薛令之未婚，“成家立业”之词在古代是有先后寓意的，必先成家后立业，所以草堂学成回来后，21岁的薛令之与张夫人婚配，次年生下儿子薛国进。其二，那个时代还是武则天当政，在薛令之的思想里，不是李氏正统的天下，他就不会参考。

武周长安四年冬，武则天王朝内部发生“五王之变”。宰相张柬之、桓彦范、敬晖、袁恕己、崔玄伟五人发动政变杀死张氏兄弟（张易之、张昌宗），逼迫武则天退位，还位太子。武则天被迫将皇位让给儿子李显，复国号为唐，改年号为神龙。

遥远的长安，洛阳宫中的龙争虎斗对僻静的廉村似乎没有影响。薛令之已经做好了应对科举考试的最后准备。

唐朝的科举分“常科”与“制科”，常科按例每年举行，制科由皇帝临时诏设。参加常科考试的考生如果不是京师或州县学馆出身，就要先经州县考试再送尚书省应试。薛令之就是这样经过遴选才参加科考的。常科的科目多达50多种，如秀才、明经、进士等。进士科要试时务策五道，帖一大经（《礼记》或《春秋左氏传》，“帖经”有点类似今天的“默写”或“填空”题），试诗赋各一篇，及第最难，每科考生能够考中者百人中不过一二。尽管如此，士人所重者唯有进士科，进士及第被视为“登龙门”，最为荣耀。正因为难考，才有“三十老明经，五十少进士”的说法。

灵谷外的层峦叠嶂阻挡不了薛令之北上长安、修身治国的理想。唐中宗神龙二年（706年）是李显登基的第二年，24岁的薛令之踏上科举的征程。薛令之应该是在那年春天启程北上长安的。

那么，薛令之北上长安的路线又是怎么安排的呢？同时代的大诗人李白写过“蜀道难，难于上青天”的诗句，形容的是四川道路之艰险。福建的情况也相差不多，峰岭耸峙，丘陵连绵。当时陆路并不发达，因此薛令之最有可能是走水路。大抵的路线应该是，从石矶津的码头顺流而下赛江，然后出黄岐港，北上抵达京杭大运河，由扬州经淮河、汴河、黄河、洛水等河系水道而转往长安。

通过省试、殿试，到年底放榜时，薛令之的名字高高地写在了进士榜上。

宋代王谠的《唐语林》卷五记载：“薛令之，闽之长溪人。神龙二年赵彦昭下进士及第，后为左补阙兼太子侍讲。”明代《八闽通志》记载，薛令之中“唐神龙二年丙午姚仲豫榜”，福建《三山志》与《福建通志》亦有相同记载。明代陆以载的《福安县志》记为“唐中宗神龙二年丙午科姚仲像〔豫〕榜”。综合以上史料，可以推断姚仲豫应该就是丙午科的状元，同榜进士共32人，考官为考功员外郎赵彦昭。

十年寒窗苦读，一朝金榜题名。昨日白衣，今日朱紫。刘禹锡有写放榜的诗云：“礼围新榜动长安，九陌人人走马看。一日声名遍天下，满城桃李属春官。”诗中反映了唐朝社会艳羡及第进士的盛况。

中国的科举制度始于隋文帝开皇七年（587年），到隋炀帝时始置进士科。由于福建开发相对中原较晚，文化教育基础相对薄弱，百年来竟无一人“登龙门”，难免被中原人士视为“蛮夷之地”。薛令之的进士及第使得中原人士再也不敢小觑闽中，并给闽中的读书人树立了榜样。后来国人中流行“闽中出才子”的说法，我们不能忘记，是薛令之为我们福建写下了精彩的一笔。

“开闽进士”之辩

当然，薛令之是不是“开闽第一进士”，也有不同的声音。而且开此说之滥觞者，不是别人，正是“文起八代之衰”的唐代大宗师韩愈。韩愈与欧阳詹均是唐德宗贞元八年（792年）的进士，他们距薛令之中进士的时间晚86年。由于欧阳詹“与愈同为博士”，同年又同事的缘故，相互仰慕结成的深厚友谊，自在情理之中。此后，年仅40余岁的欧阳詹“不幸短命死矣”。韩愈为欧阳詹所撰写的哀辞中称“闽越之人举进士，由詹始也”。至清初辑编《全唐诗》，收录欧阳詹的诗词时，在作者名下写的简介亦援引韩文“闽人擢第自詹始”。韩愈是当时的文坛名流，一言重于九鼎，因其一时失检而致千古失实，薛令之也因此湮没无闻。

二十世纪八九十年代，一些报刊、书籍在介绍福建历史人物欧阳詹时，仍说欧阳詹是福建第一进士。

然而，据明代陆以载的《福安县志》记载，韩愈送欧阳詹文曰“闽进士自詹始，登第以詹为闽破天荒”，今按欧阳詹在德宗贞元八年登第，上距神龙二年计八十五年，闽登第破天荒者实令之也。因此，薛令之中进士，是自隋大业二年（606年）开科取士整整100年来，福建人第一次获此殊荣。有学者和研究人员称之“意味着灿烂的中原文化之花在原本蛮荒的福建已经结出丰硕之果”。

现在，薛令之是福建第一进士，已得到了大家的共识。

第三章

多才多艺　尤擅律吕

薛令之绝不像皓首穷经的酸儒，他显然很有情趣。溪头春日、山中白云、绿树芳草、杂花群莺点染着他的读书时光。他多才多艺，尤擅律吕，这也为今后与唐玄宗李隆基的相处创造了极好的条件。

《礼记·学记》说：“故君子之于学也，藏焉修焉。”在唐代，寒庶家庭的读书人往往借寓佛寺道观、山中草堂苦读。

灵岩山，因山顶有一灵岩而得名。灵岩山谷，距离廉村十几里远，山谷底下是一坳山垄，没有耕田放牧之家。山谷尽头是一面突兀于天地之间的悬崖峭壁，白云缠绕深处，了无人烟，是个读书的好地方。青少年时代的薛令之结庐于此，勤读经史，饱览诗书。

明代《福安县志》记载，灵谷草堂（今灵岩禅寺）“下有金印石、钓鱼台、双剑水”，今天还能看到这些景观。此外，此处还有摩崖石刻，比如清代秀才浴川临摹朱熹字迹题写的“福”和“鸢飞鱼跃”等。

灵谷草堂“福”“鸢飞鱼跃”题刻

古琴高手薛令之

薛令之在《草堂吟》中写道：“春日溪头垂钓归，花笑莺啼芳草绿。猿鹤寥寥愁转深，携琴独理仙家曲。”从诗中可以看出，他绝不像皓首穷经的酸儒，他显然很有情趣，溪头春日、山中白云、绿树芳草、杂花群莺点染着他的读书时光。面对大自然，他携琴理曲，手挥七弦。“仙家曲”可不是一般的曲子，那绝对是高妙的琴曲，非常人所能理解，可见他颇爱弹琴，而且琴艺极佳。

这里的琴是古琴。古琴是汉文化中地位最崇高的乐器，有“士无故不撤琴瑟”和“左琴右书”之说。古琴位列中国传统文化四艺“琴棋书画”之首，被文人视为高雅的代表，亦为文人吟唱时的伴奏乐器。早在孔子时代，古琴就成为文人的必修乐器，与文人的生活密切相关。古琴的音乐神圣高雅、坦荡超逸，古人用它来抒发情感、寄托理想。

“鸟栖鱼不动，夜月照江深。身外都无事，舟中只有琴。七弦为益友，两耳是知音。心静即声淡，其间无古今。”正如白居易《船夜援琴》所描写的那样，勤读之余的薛令之，刻苦练习，弹得一手“神仙曲”。

也许就连薛令之自己都想不到，正是因为他多才多艺、擅长律吕，让自己离皇帝更近了一步，无意中为今后的政治生涯奠定了良好的基础。

趣味相投成至交

薛令之中了进士后，只是取得了做官的资格，按唐“辟署制”（后名“守常选”）制度，他有可能入幕府，或漫游山川，然后再经吏部考试后入仕做官。唐代及第进士往往仍是一介布衣，经一番历练才能获得官职，这就是《唐章癸签》说的“新及第人，例就辟入幕”，然后方能做官。

薛令之进士及第后入住翰林院，依然勤读不厌。翰林院中的人均是社会中地位很高的士人群体，不是学富五车、才高八斗的人根本无法进入。像李白这样的顶级人物就曾入职翰林院。薛令之在翰林院待的时间应该是6年，即从25岁到30岁。在人才济济的初唐，才华横溢的薛令之因为颇懂音律，弹得一手好琴，因琴会友结识了同样酷爱音乐的李隆基，也就是后来的唐玄宗。

花木葱茏，竹影离离，曲径通幽，鱼儿悠游。这天，李隆基又在相王府的后花园举行宴会。除了鼓乐部的演奏、歌女的演唱、舞女的歌舞外，还从翰林院请来了一位特别的嘉宾——薛令之。李隆基早就听说翰林院的薛令之琴艺高超，今日正好可以好好欣赏一番。

且说这宴会可是高朋满座，各个身怀绝技。相王府长史姚崇琵琶造诣不凡，他在京城任职期间，备受挤压，因此常弹琵琶来解心事。贺知章的箫演奏得很出色，他早薛令之十年就考中了进士，诗文俱佳，现任太常博士。

相王李隆基邀请薛令之演奏一曲，薛令之起身致意，随后端坐琴前。弹什么好呢？春秋时期音乐大师师旷的仙曲是不错的选择。《清商》《清徵》《清角》都是仙家曲，不论哪一曲都能让人陶醉。这些可都是薛令之从小弹到大的曲目啊！宴会上，薛令之展现出的高超琴艺，令众人如痴如醉。一段《清徵》的悠扬的乐曲如玫瑰的清香弥漫开来。随着悠扬的乐声响起，不仅听的人被吸引了，就连鸟雀也被吸引过来。它们在树上引吭高歌、翩翩起舞。随着旋律的变换，一群仙鹤从空中徐徐而降，立于池边交颈欢叫、拍翅起舞。池里的鱼儿，随着乐曲节奏，一会儿转起圈圈，一会儿纵情蹦跳。此刻，众人也随着乐曲的节奏，摇头晃脑起来，尽情舞动着。一曲终了，鸟儿们一哄而散，而李隆基、姚崇、贺知章他们却木然直立，仿佛是喝醉酒似的，懵懵然。当他们清醒过来时，只见薛令之双目微闭，神情自若，仿佛是在接受清香的熏陶一样。

趣味相投，一见如故。李隆基被深深地吸引了，他对面前这位比自己大两岁的新朋友刮目相看。在不断交往中，李隆基还发现薛令之不仅精通诗书、擅长音律，对于治国理政也有一番独到的见解。如此人才，实属难得。李隆基马上把薛令之收到了自己幕下。

第四章

心效忠臣　勇于谏诤

《高岑三廉薛氏族谱》收录有薛令之所写的《唐明皇命吟屈轶草》，诗中有言："纶言为草芥，臣为国家珍。"皇帝的声音被视为草芥，臣子才是国家的珍宝。这足以体现当时唐玄宗从谏如流、薛令之备受重用以及君臣间融洽的氛围。

辅佐隆基

任职翰林院期间，薛令之经历或目睹了“神龙之后，后族干政”的那段宫廷斗争。那种状态令他失望。

薛令之看到，从中宗、韦后到安乐公主、武三思，都曾标榜效法“则天之政”，然而武后政治中的积极方面并没有得到继续，延承下来的却是其中的弊端部分。这段时间，即从薛令之进士及第到唐玄宗即位后诛灭太平公主的八年半的时间里，政局很不稳定，仅王朝中的宫廷政变就有6次之多：

神龙三年（707年）七月，太子李重俊兵变未遂而死。

景龙四年（710年）六月初，唐中宗被毒死，韦皇后临朝称制。

同年六月底，李隆基诛灭韦后，隆基父唐睿宗重登皇位。

同年七月底，中宗次子李重福洛阳叛乱未遂。

延和元年（712年），太平公主废黜太子李隆基的图谋失败。八月，唐玄宗李隆基即位。

先天二年（713年）七月，唐玄宗诛灭太平公主，完全掌握了朝权，“开元之治”始露曙光。

尤其值得一提的是，李隆基诛灭韦后的政变，对于李隆基后面登上皇位有着极其重要的意义。

客观地说，李隆基在这场斗争中，条件并不十分有利，但是为什么能取得成功呢？一个很重要的原因是史书中提到的用人方略。具体说来，就是《新唐书》总结的“刘幽求之谋，崔日用之智，钟绍京之果”。李隆基虽然年轻，但是在用人方面已经颇有心得。钟绍京的地理位置、刘幽求的发达头脑、崔日用的随机应变，甚至还有葛福顺的武力、普润和尚的宗教号召力、王毛仲的沟通能力，都得到了李隆基的合理利用。

在一连串的宫廷斗争中，是否有薛令之的参与？虽然没有确切的史料记载，但是基本可以推断，薛令之是拥戴李隆基的，只不过是以“至交”的身份参与罢了。如果没有参与，没有充分地了解共处，李隆基即位后不可能把开元中具重要作用的“左补阙”授给薛令之。

心正效忠臣

延和元年（712年），睿宗李旦禅位于李隆基。李隆基于长安太极宫登基称帝，取得了国家的最高统治权。他励精图治，开创了“开元盛世”。后人评史，认为“开元之盛，汉宋莫及”。杜甫诗对这种盛唐气象就有极生动的描绘：“忆昔开元全盛日，小邑犹藏百家室。稻米流脂粟米白，公私仓廪俱丰实。九州道路无豺虎，远行不劳吉日出。”

开元元年（713年），薛令之被授予“左补阙”之职的，时年31岁。

当时的官阶大概是这样的状况：一个中书省，负责国家的文件、政策的颁布。一个门下省，负责对文件进行审核，看政策是否合理，审核之后交给尚书省。朝廷还设户、吏、礼、兵、刑、工六部。

而左右谏议大夫、左右补阙，则在谏院任职，属于门下省里的一个官职，官位为七品。这些官员“掌供奉谏诤，凡朝政阙失，大则廷议，小则上封”，即规谏皇帝，纠正朝政，另有弹劾百官之权。这种谏官议政制度只有皇帝本人重视纳谏时才不流于形式。

初登皇位的唐玄宗重新恢复了谏官和史官参加宰相会议的制度。这本是唐太宗时期的一种制度，让谏官和史官参与讨论国家大事，监督朝政。武则天主政之后，将这种制度废除了。如今唐玄宗恢复谏官议政制度，是希望自己能像他曾祖李世民一样“从谏如顺流”。他曾对姚崇说，对于敢触龙鳞的谏诤“朕非唯能容之，亦能行之”。这就是开元天下大治的重要原因之一。

薛令之此时被玄宗任命为谏官，精神十分振奋，他庆幸自己遇到了明君，可以一展他少年时立下的志向。

有一日，唐玄宗命薛令之作一首吟屈轶草的诗，似乎有意在朝臣中倡导一种敢于谏诤的氛围。相传屈轶草是一种能指出奸佞的草，又名“指佞草”，其实就是谏官的象征。写这种诗难度很大，类似于“七步诗”的要求。不过薛令之毕竟饱读诗书、才思敏捷，他以屈轶草的特性为诗眼，直抒胸臆，表达了谏臣忠诚、正直的品格。被收录进《高岑三廉薛氏族谱》的《唐明皇命吟屈轶草》一诗，为后世所流传，这也是薛令之及第后，作为一名谏官最展抱负时期的写照：

托荫生枫庭，曾惊破胆人。
头昂朝圣主，心正效忠臣。
节义归城下，奸雄遁海滨。
纶言为草芥，臣为国家珍。

这首诗表明他在执政过程中忠心耿耿、刚正不阿，他要学习忠臣的赤胆忠心与骨气。诗末的“纶言为草芥，臣为国家珍”尤为后世所传颂，这句话的表面意思是：皇帝的声音被视为草芥，臣子才是国家的珍宝。据有关学者称，这一句话其实是记载薛令之与唐玄宗关于“屈轶草”的对话，这足以体现当时唐玄宗从谏如流、薛令之备受重用及君臣间融洽的氛围。

这期间，薛令之不时有作品推出。据文化学者余挺先生的推断，《送陈朝散》也应是薛令之任补阙时期的作品，诗见《高岑三廉薛氏族谱》。陈朝散，其人不详。朝散疑非人名，因为唐官职有“朝散大夫”，全诗如下：

诗书礼乐壮行轩，话别殷勤赠以言。
三月烟花散春色，数程云水过前村。
须知君子交如水，自是先生道满门。
已约故人青眼重，我承恩处子承恩。

薛令之像

这首诗不单写得漂亮，一派唐诗的洒落，还透露出一种诗人君子的清淡情怀。最后的“我承恩处子承恩”虽难免俗气，却反映出他在朝中得到皇帝的恩宠与信任，时刻考虑着如何为国荐贤。总之，开元中任补阙的薛令之，其所处的政治局面是令他满意的，他为官的心态也显得宽松、舒畅。薛令之作为谏官，毫无疑问地参与了“开元盛世”的创造过程。

東宮侍講

第五章

鞠躬尽瘁　力辅太子

可以说，罢免张九龄、委任李林甫为宰相，是唐朝由治变乱的分水岭。朝中不时发生的离奇案件，使薛令之感到东宫官乃至太子时时处于凶险之中。然而，不管时局怎么变化，薛令之依然鞠躬尽瘁，力辅太子。

官任侍讲

开元二十六年（738年），李林甫接替张九龄为中书令（右相）两年后，薛令之正式被提拔为兼任太子侍讲——当了唐玄宗第三个儿子李亨的老师，那年李亨28岁。侍讲是中国古代君主教育的重要方式，由廷臣入禁中在皇帝或太子面前讲授儒家经典或治国之道。君臣相互讲明经义，论辩政事，不仅为儒臣接近皇帝、发挥政治影响提供了机会，也使居于九重深宫的帝王储君能够经常性地接受儒家教育，增进品学。

尤其值得关注的是，在盛唐文人井喷而出的时代，皇上没有命那些大文人、大书法家为太子老师，而立薛令之为太子老师，这是为什么呢？

很显然，太子老师必须是德才兼备之人。李隆基把目光投向了诗文精佳、颇晓音律的贺知章与薛令之。贺知章少时就以诗文知名。武则天证圣元年（695年）考中状元，被授予国子四门博士，迁太常博士。再说薛令之，因为擅长律吕受到唐玄

“东宫侍讲”匾额

宗的赏识，但这并不是他能成为太子老师的原因。更主要的原因是，薛令之为人正直不自傲，才华横溢不显山露水，很有政治家的智慧与远见。李隆基犀利的眼光早就看到了这一点，他信任薛令之的品行与学识。

薛令之7岁到20岁这13年时间在灵谷草堂苦读经书，积淀了深厚的文学基础，到了翰林院他还是在坚持读书。《唐摭言》记载，薛令之教太子的内容里面包括了《诗经》《易经》，非常难讲，但是薛令之可以讲得很好。薛令之给太子讲经只是他职责的一部分，另一部分就是如何保护太子渡过危险的太子时期，这就是他传奇人生没有被揭秘的主要内容。

力辅太子

薛令之被任命为东宫官太子侍讲，时年56岁，官职由七品升为四品，算得上是朝廷高官了。然而，也正是这次任职，他被卷入一个被李林甫冷眼虐待、倾轧排挤的政治旋涡中。

废立太子之争的实质，关系着未来唐朝统治权力再分配问题，在开元年间争夺得十分激烈，历时24年，直到开元二十六年（738年）五月。此时宠妃武惠妃已去世好几个月，唐玄宗“自念春秋浸高（五十四岁），三子同日诛死，继嗣未定，常忽忽不乐，寝膳为之减”。长安“十六王宅”之中尚在的27个儿子中，选谁做太子呢？他在武惠妃之子寿王李瑁（十八子）和忠王李屿（后改李亨，第三子）之间举棋不定。曾向武惠妃表态“当尽力保护寿王”的李林甫向玄宗建议立寿王为太子。

但玄宗却接受了高力士“推长而立”的原则（长子残废，二子已死，三子为长），终于在六月宣布李屿（亨）为太子，这就是后来的唐肃宗。

那时的薛令之，还兼着左补阙，但谏路已绝，徒有形式。东宫官虽品阶不高，但使命光荣、前途不可限量，且唐东宫官“皆用贤德者任之”，也算是玄宗对他的信赖了。

李林甫虽位居执政，但因为在册封太子问题上下错了“赌注”，内心十分恐惧，“恐异日为己祸，常有动摇东宫之志”，他利用玄宗的信任，垄断朝政，企图颠覆李亨的太子地位。

李林甫知道李亨将来当了皇帝一定会对他不利，因此设了连环计想要陷害李亨。可以说，李亨当太子的15年，就是东宫和李林甫明争暗斗的15年。在这过程中，除了给太子尽师道外，薛令之也在竭力保护太子，哪怕豁出身家性命也在所不惜。

李林甫先将目标对准李亨的妻兄韦坚，将韦坚引居要职，却又命御史中丞杨慎矜暗中窥伺其过错。陇右节度使皇甫惟明入朝献捷，见李林甫专权，曾建议唐玄宗罢免其相位，引起李林甫的嫉恨。天宝五年（746年）正月十五，李亨出宫游玩，巧遇韦坚，而韦坚则密会皇甫惟明。杨慎矜向玄宗揭发，称韦坚身为外戚，不应结交边将。李林甫便趁机诬奏，称韦坚勾结皇甫惟明欲拥立太子为帝。唐玄宗大怒，将韦坚、皇甫惟明贬官，并命李亨休弃太子妃韦氏。宰相李适之忧惧请辞，被罢为太子少保。

薛令之对太子的保护绝不张扬，但又无处不在。有一次，皇上宴请文武百官，上了一道烤全羊，命太子亲自执刀切羊肉片给在座官员。太子切肉的过程中因手上沾了一点油，就把手放在大饼上擦拭去油。唐玄宗看到后不开心，薛令之见状马上给太子使眼色提醒他。太子分完羊肉后，自己一口不食，转身拿过大饼掰下一块一块地吃完。这时候唐玄宗才转阴为晴露出笑容，告诉文武百官爱惜粮食当如太子这般，并当众表扬了李亨。从这件事也可以看出薛令之的智慧和对太子的保护。

朝中不时发生的离奇案件，使薛令之感到东宫官乃至太子时时处于凶险之中。作为太子李亨的老师，薛令之始终坚守自己的宗旨，和太子风雨同舟、患难与共，在太子侍讲的位置上兢兢业业、任劳任怨、机敏应对。不管时局怎么变化，薛令之依然鞠躬尽瘁，力辅太子。

瑾草之思惜哉

碧澗羹

芹楚葵也又名水英有二種荻芹取根赤芹取葉與莖俱可食二月三月作羹時採之洗淨入湯焯過取出以苦酒研芝蔴入鹽少許與茴香漬之可作葅惟瀹而羹之者既清而馨猶碧澗然故杜甫有青芹碧澗羹之句或者芹微草也杜甫何取焉而誦詠之不暇不思野人持此猶欲以獻於君者乎

苜蓿盤

開元中東宮官寮清淡薛令之爲左庶子以詩自悼曰朝日上團團照見先生盤盤中何所有苜蓿長闌干飯澁匙難滑羹稀箸易寬以此謀朝夕何由保歲寒上幸東宮因題其旁曰若嫌松桂寒任逐桑榆暖之句令之皇恐歸每誦此未知爲何物偶同宋雪巖伯仁訪鄭埜野鑰見所種者因得其種幷法其葉綠紫色而灰長或丈餘採用湯焯油炒薑鹽隨意作羹茹之皆爲

第六章

谏官风范　冒死自悼

薛令之早岁辅政不显山不露水，而在安史之乱前为何要题写《自悼》诗？无疑他是要用他的政治生涯和生命做最后的赌注来劝谏唐玄宗。只是，这次的赌注实在太大了。

众所周知，李隆基当上了皇帝之后，励精图治，使唐朝的政治、经济、文化都得到了新的发展，开创了中国历史上强盛繁荣的“开元盛世”。但开元中后期，李隆基开始沉迷于声色犬马之中，而奸相李林甫又专权误国，杨国忠与安禄山等阿谀奉承、欺民敛财，惹得朝野怨声载道。

此时，安禄山经过一番谋划，叛乱之象已相当明显。此前，薛令之就已察觉出安禄山的反意，他不断告诫太子一定要提醒玄宗早做防备。太子提醒了玄宗，而且连续提醒了三次。但唐玄宗始终没有接纳意见。史书记载：“安禄山来朝，太子识其有反相，请以罪诛之，玄宗不听。禄山反。”

薛令之自悼

关于薛令之早就知道安禄山会反叛这一点，还能从宋代理学集大成者朱熹的父亲朱松《题薛补阙故居》“有唐进士薛补阙，官兼侍读开元末。悬知野鹿欲衔花，面向桑榆全晚节”的诗中得到佐证。“野鹿”的“鹿”与“安禄山”的“禄”同音，又因为安禄山是胡人，朱松便将其比作“野鹿”。“悬知”就是“预知”的意思。朱松是宋代人，他或许能看到更多关于薛令之的文献，比如今天已经失传的《明月先生集》和《补阙集》。不论如何，薛令之看出安禄山有谋反的野心是肯定的。可是，此时的薛令之又能做些什么呢？

盛世华光之下，歌舞升平之后，叛军的马蹄声又有几人闻？

那些文人骚客还能以诗言志，以文托情，借古讽今，而薛令之身为东宫官、太子师，他是连借古讽今、指桑骂槐也不可为的。只要他有只言片语的忤逆迹象，最终都可能追究到太子身上。

但李林甫勾结胡骑、边将，时刻都有可能危及朝廷；唐玄宗迷恋杨贵妃，只知与她宴游享乐，不理朝政；李林甫已经年迈，太子不除必为后患，这块心病难弃，他很有可能会有狗急跳墙之举……国家和太子都处于危急存亡之秋，不警醒唐玄宗是不行的。薛令之身为太子老师，与太子朝夕相处日久，他深知太子的才能和品格，能担当拯救国家的重任，而此时太子之危即国家之危，太子之安即国家之安。

此时，薛令之内心的挣扎可想而知。但是，他又能采取什么办法呢？

像魏征那样犯颜直谏？不行。李隆基不是李世民，他没有太宗皇帝的度量，也没有太宗皇帝的清醒。像李白那样借古讽今？也不行。他是诗人，更是太子师，他的“隐语”再深，一旦考究起来，必然原形毕露。总之，有关朝廷的政务、军务、人事、局势，明言万万不可，隐喻讽言也断不可为。

唯一可行的，而且追究起来又与太子无涉、要遭惩办也只是落到他薛某身上的办法，就是自悼，这也是薛令之左思右想、权衡利弊，百般无奈之下做出的决定。

他决定用自己的政治生涯和生命作为最后的赌注，进行最后的进谏，谏醒唐玄宗。

一个深夜，当大唐帝国皇帝李隆基与丽人杨贵妃在长生殿里窃窃私语时，左补阙兼太子侍讲薛令之在东宫辗转难眠。秋风生渭水，落叶满长安，但今夜床前的月色很好。他披衣起床，点燃西窗蜡烛，走向屋外的一处走廊。他知道，皇帝偶尔会从这里走过。略作沉吟，他借着月色，在墙上题了一首诗。

一首五言题毕，墙上笔墨淋漓。薛令之喃喃低吟了一遍，还好，他这样想着，尔后转身返回，消失在了东宫静谧苍茫的夜

色中……

这就是那首题为《自悼》的名诗。既然题在壁上，当然是给人看的，只不过观众就那些人罢了。唐朝是个重文辞的时代，唐人在壁上题诗，是释放情感、沟通思想的常见方式。

朝旭上团团，照见先生盘。
盘中何所有？苜蓿长阑干。
饭涩匙难绾，羹稀箸易宽。
只可谋朝夕，何由度岁寒？

这首诗，后来收入了《全唐诗》中。

这首诗，翻译成现代的话，意思可以是：

天空升起圆圆的旭日，
晨光照在先生的盘子上。
那盘子里盛的是什么？
是阑干边生长的野苜蓿。
匙子难以舀起涩味的饭食，
筷子难以夹起稀少的菜肴。
朝朝夕夕竟这样将就地过，
你怎么能度过年末的岁寒？

苜蓿的原产地并不在中原地区，它是在汉代由西域传入中原地区的。苜蓿主要作为马的饲料。表面上看，这首诗无非是埋怨说，你瞧，连马吃的苜蓿都成了我的早餐，唉，这日子真没法过了！说得通俗一点：这东宫的伙食太差了！

不过，南宋林洪所著的闽菜食谱《山家清供》中，对苜蓿盘有着这样的一段解释：苜蓿，“其叶绿紫色而灰，长或丈余。采用汤焯、油炒，姜、盐随意，羹、茹之皆为风味。本不恶，令之何为厌苦如此？东宫官僚，当极一时之选，而唐世诸贤见于篇

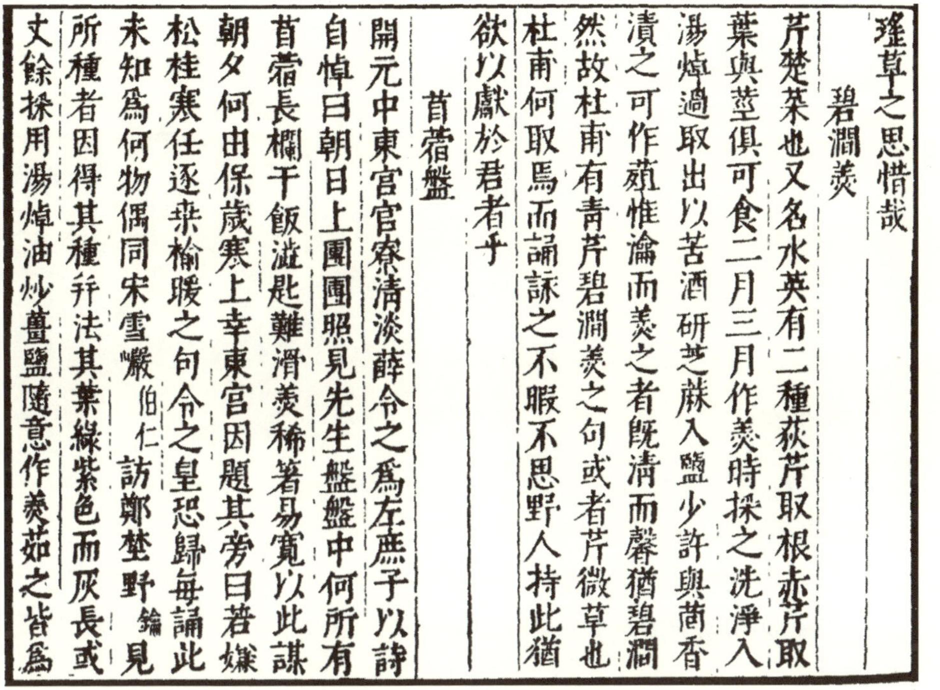

蓬草之思惜哉

碧澗羹

芹楚葵也又名水英有二種荻芹取根赤芹取葉與莖俱可食二月三月作羹時採之洗淨入湯焯過取出以苦酒研芝蔴入鹽少許與茴香漬之可作葅惟瀹而羹之者既清而馨猶碧澗然故杜甫有青芹碧澗羹之句或者芹微草也杜甫何取焉而誦詠之不暇不思野人持此猶欲以獻於君者乎

苜蓿盤

開元中東宫官寮清淡薛令之爲左庶子以詩自悼曰朝日上團團照見先生盤盤中何所有苜蓿長欄干飯澀匙難滑羹稀箸易寬以此謀朝夕何由保歲寒上幸東宫因題其旁曰若嫌松桂寒任逐桑榆暖之句令之皇恐歸每誦此未知爲何物偶同宋雪巖伯仁訪鄭埜野鑰見所種者因得其種并法其葉綠紫色而灰長或丈餘採用湯焯油炒薑鹽隨意作羹茹之皆爲

《山家清供》中的“苜蓿盘”

什，皆为左迁。令之寄思，恐不在此盘。宾僚之选，至起‘食无鱼’之叹，上之人乃讽以去，吁，薄矣！”意思是说，那些以为薛令之是因为嫌弃东宫生活清苦而离去的人，实在是太肤浅了。

“食无鱼”是战国时代贤士冯谖的故事。《战国策·齐策》讲述了这位孟尝君门客的传奇。书中的“食无鱼”之叹，正是薛令之对于怀才不遇、受困复杂政局的感慨与失意。而在这种理想抱负的失意里，却隐藏着中国文人气势磅礴的文化自信。

东宫太子是储君，饮食不用说了，宫中设有厨官，他的饮食有专厨备办。

东宫诸位官员的伙食是由“公厨”负责的，按行政等级定伙食标准，薛令之是左补阙兼太子侍讲，在东宫里级别是很高的，伙食自然也不会差。如果任意降低伙食标准，那可不行，因为臣子可以告御状，主管公厨的主事将以贪赃枉法、蔑视朝臣而受到惩处。

很显然，薛令之的《自悼》一诗，再怎么艺术夸张，也都不是事实。

那么，是不是还有一种可能，是不是因为薛令之嫌自己官小，得不到提拔，气得走人呢？而这，恰恰是不少史料中所记载的：

其一，宋欧阳修《新唐书》卷一九六《贺知章传》载：“……时东宫官积年不迁，令之书壁，望礼之薄，帝见，复题“听自安者”，令之即弃官，徒步归乡里……”

其二，《全唐诗》第三函第十册卷二一五载：“……时令之以右补阙兼侍读，积岁不迁，乃弃官，徒步归乡里……”

其三，明万历二十四年（1596年）《福安县志》载：“……会李林甫不惬于太子，故东宫官冷落不迁。令之感慨时事……因谢病归……”

其四，《福建文苑》载：“……（薛令之）开元中迁右庶

“食无鱼”，齐人冯谖初不受孟尝君器重，居有顷，倚柱弹其剑，歌曰：“长铗归来乎，食无鱼。”后遂以“食无鱼”为待客不丰或不受重视、生活贫苦的典故。

子，为左补阙兼太子侍讲，时东宫官僚清淡，令之以诗自悼……遂谢病徒步东归……”

以上观点，除了怨东宫清淡、待遇太差外，主要是说“积岁不迁”，薛令之嫌自己官小，然后才写《自悼》的。

薛令之若九泉有知，估计又要题自悼了——身前冤我犹可谅，身后冤我岂能容？应知燕雀冤鸿鹄，缪种流传误后生！

我们试为薛令之先生辩白如许：

先生这首诗是写在李林甫生命的暮年、安禄山还没叛乱这个时间段，也就是天宝十一年（752年）前后的事。那么，这个时间段先生多少岁？70岁。古稀之年，还会希望朝廷念他“积岁不迁”而醒悟、而提拔？要知道先生当太子侍讲已经15年，若有升官发财的心思起码得在60岁以前动手经营，那时候可是开元盛世的顶峰，杨贵妃与唐玄宗正在蜜月之时，皇帝心情特好，托个人情或自己伺机提出，也许还真能升迁升迁。过了60岁，古稀之年了，还想借《自悼》以图升迁，有这个可能吗？

那么，只有一种可能，那就是薛令之要用自己的政治生涯和生命作为最后的赌注，进行最后的进谏。

我们知道，古诗往往托物言事，寓意其中，有一种比直言更好的效果。你能说曹植《七步诗》的“煮豆燃豆萁，豆在釜中泣”只是在描写豆和釜那么简单吗？你能说张九龄《感遇》的“孤鸿海上来，池潢不敢顾。侧见双翠鸟，巢在三珠树”是在写三只鸟吗？同样的，薛令之想借助这首诗，引起唐玄宗的注意及反思。“只可谋朝夕，何由度岁寒？”这不正是对大唐政权发出的政治警告吗？

而这，需要多大的智慧和勇气啊！此刻，我们仿佛看到，廉村的半斗冈耸起薛令之刚直不阿的脊梁，潺潺的穆溪水滋润他疲

惫不堪的肺腑。

现在，让我们来细细品读学者余挺先生用白话试译的这首诗，题目不妨就叫《我的哀伤》：

圆圆的旭日依旧升起
晨光照在大唐的疆土上。
你的疆土都有些什么东西？
到处是西域引来的苜蓿，
越过了宫阙的阑干，
野草一般疯长，
正像那些觊觎朝廷的胡人番将。
而你的大唐，兵在哪里？将在何方？
大唐啊，
你的命运只在朝夕之间，
怎么能度过风雪交加的岁寒？

唐玄宗偶幸东宫见焉，作为君主阅此诗，本应清醒过来，但此时的玄宗早已昏昏然。

看了薛令之的《自悼》，唐玄宗很不愉快，不但没有反思自检，还索笔题诗：

啄木嘴距长，凤凰毛羽短。
若嫌松桂寒，任逐桑榆暖。

这诗什么意思？大意是说，啄木鸟嘴巴很大（比喻贪吃），凤凰的羽毛很短（暗指薛令之才能不足），如果你嫌这里条件不够好，那就找一个桑榆暮景的去处，度你的余生吧！

唐玄宗生了气，却如此字斟句酌地写诗表达不悦，有点不可思议，想必未动大的怒气。《资治通鉴》记此事，则说玄宗在诗后“复题”四个字——“听自安者”！显然，唐玄宗这是下了逐客令。

其实，已在官场40年的薛令之每做一件事都是经过深思熟虑的，包括这一次。薛令之应该会预料是这个结果，只是他还想最后一次行使谏官的权力，在曾经如兄弟一般的玄宗皇帝面前尽最后一次忠义。

为什么说薛令之的这种做法也是一种忠义呢？孔子曰：“谏有五，吾从讽之谏。事君，进思尽忠，退思补过，去而不讪，谏而不露。”薛令之此谏，恻隐发于中，直言国之害，励志忘生，实为忠义。

村生活更美好！要啥
务中心

第七章

徒步归乡 清廉度日

薛令之为官长达 40 年，按理说应该颇有积蓄，但是他没有金银财宝，只有两袖清风。“徒步”二字是他廉洁为官数十年的最好证明。从此，肃宗失去了一个好老师，朝廷失去了一个讲真话的人，时代失去了一缕清风。

徒步东归

尽管身处繁华的京师，薛令之一样不改清廉的本色。“（薛令之）徒步归”，这是《唐诗纪事》专门为薛令之记下的一笔。

廉村廉文化广场

临走时，薛令之也把在京城任职的侄子薛芳杜一起叫上。

关于薛芳杜，清乾隆二十七年（1762年）《福宁府志》有言：“（薛令之）弟楚之，贡明经。侄芳杜，亦以明经举进士。清简寡欲，英明有断。乡人争讼，得芳杜一言即帖服，肃宗召之，辞不进。”这自然是后面的事，但是我们完全可以从中看出薛芳杜是很有学识能力的。要不是看到朝廷的岌岌可危，薛令之应该也是希望自己的侄子能够做出一番更大的事业的。可惜，时势妒英才。

无官一身轻，无财一身轻。从京都长安到闽东福安，何止千里之遥？虽然路途遥远而艰辛，年逾七旬的薛令之硬是靠着自己的一双脚，步行数千里。归去来兮，一路看山看水，令之终于得以解脱。只是头上浓密的黑发变成了飘零的白发，风华少年稚嫩的面容为饱经风霜所替代。

道不同不相为谋，薛令之把清廉多才的名声留在了京城，融入后人的心田。从此，肃宗失去了一个好老师，朝廷失去了一个讲真话的人，时代失去了一缕清风。

此时的薛令之，深深领悟到什么叫仕途艰险，除自己辞官并让侄儿辞官外，他还寄信给在江西安福任县令的独子薛国进，命他也辞官返乡。薛国进遂于天宝末年弃官随父回乡，在灵岩山隐居。由于薛令之父子同时辞官，生活一度陷入窘困。

薛令之还乡后，自然留下唐玄宗空自嗟叹，念念不忘，毕竟薛令之帮助他了太多太多。如今到了晚年，薛令之却是这样处境地告老还乡，而且还听说两袖清风的他在家乡日子过得很艰难。至此，唐玄宗再也坐不住了，连忙下了一道“令有司资以岁赋”的圣旨，让地方官府给予补助。可面对官府送来的赋谷，面对来自朝廷的关怀，薛令之每次都是“酌量受之”，决不多取一点。

这算得上是落难之中的薛令之的又一个高风劲节吧！

吟诗太姥

回乡后的薛令之，居于灵谷草堂，过着穷研经书、抱瓮灌园的生活。在此期间，薛令之深居简出，偶有出游或访亲会友时常会留下诗篇。他游太姥山后写下了《太姥山》一诗：

扬舲穷海岛，选胜访神仙。
鬼斧巧开凿，仙踪常往还。
东瓯溟漠外，南越渺茫间。
为问容成子，刀圭乞驻颜。

太姥山雄踞东海之滨，隶属现在的福鼎市。相传东海诸仙常年相聚于此，因而此山自古就有“海上仙山”之美誉。在这首诗中，薛令之表达了流连胜景、啸傲林泉的情趣和遁入空门的思想。

“为问容成子，刀圭乞驻颜”。显然，薛令之写这首诗时的心态迥异于在灵谷草堂青灯勤读之时。他登临太姥，心绪浩茫，天风海涛之中对仙人容成子发问，仿佛有一种羽化登仙、乘风飞去的神往和幻觉，透露出一种人生的感悟。

尤其有意思的是，薛令之的这首《太姥山》与李白的《梦游天姥吟留别》似乎有着某种暗和。《梦游天姥吟留别》云：“海客谈瀛洲，烟涛微茫信难求；越人语天姥，云霓明灭或可睹。”薛令之与李白两人同朝为官，又是好友，而诗中的山海意境又如此相似，令人遐想。

李白《梦游天姥吟留别》诗中的天姥山，一直被认定为在浙江新昌县境内。今人郑闰先生在专程赴福鼎游历了太姥山后，惊奇地发现李白名篇《梦游天姥吟留别》一诗中所描写的奇景竟然能在福鼎太姥山上一一得到验证。为此他在广泛深入查证核实有关资料的基础上，写成《天姥山应是太姥山考释》一文，认为李白《梦游天姥吟留别》诗中所讴歌的天姥山，不是浙江新昌县境内的天姥山，而是福鼎太姥山。

抵达嘉禾屿

也就在这个时期，薛令之还可能抵达过嘉禾屿，也就是今天的厦门，成为最早进入厦门的家族。

厦门人大抵都知道“南陈北薛”这一说法。据族谱和史书上的记载以及民间传说，最早进入厦门的是陈姓和薛姓，因分别聚居在洪济山的南面和北面而有“南陈北薛”的说法。但“南陈”

与"北薛"分别指何人，史料记载颇多分歧，学术界也有争议。对南陈，一般认为是陈黯，或说是陈夷则；对北薛，一般认为是薛令之，或说是薛沙。

明代的《鹭江志》和清代的《厦门志》为我们揭开了这个秘密。据方华先生考证，前者于卷之二《文学章》，在介绍了福建人、开闽进士薛令之的生平事迹之后，写道："令之晚居鹭岛，所著《明月先生集》，今已不存。"后者在卷十二《文学章》详尽地描述了薛令之生平事迹后，突出地记载了薛令之比陈黯早120多年来到厦门，其词曰：

> 厦门人物，以南陈北薛为最古。此语始于《闽书》。薛令之云自福安徙居嘉禾屿……府志谓令之登神龙二年进士，陈黯乃会昌时人，相去百二十年，不应有南陈北薛之目。

神龙二年是706年；会昌是唐武宗的年号，会昌最后一年是846年。会昌这个年号只有6年，陈黯即使以会昌元年时人计算，与薛令之登第也已相距134年。因此，无论如何这两个人是不会同时到达厦门的。"南陈北薛"，薛在先，陈在后，当属无疑。

《厦门志》还辨析了另外一说："薛沙，令之裔孙，为龙溪尉，居嘉禾屿，人称为薛岭，其南陈黯宅在焉。时号南陈北薛。"这是说"南陈"的陈黯是薛令之的裔孙薛沙任龙溪县尉时搬到薛岭去住的，祖孙相隔百二十年，符合逻辑。该志亦作辨析："且令之本传不载迁同安，从名胜志作薛沙较确。其载陈黯云，徙居嘉禾薛岭，则薛岭之名，已在前矣。《闽书》谓以令之得名，亦似也。"

据此，薛令之应该是最早进驻厦门的。今金门薛氏宗人亦承认是薛令之后裔，也是从厦门迁去的。

薛氏宗祠

第八章

敕封廉名　苜蓿传家

廉村成为中国历史上唯一由皇帝赐封以“廉”字命名的村庄。后来当地的官员又把后面的山岭改成了廉岭，所以有了廉村、廉水、廉岭这“三廉”。从此，“三廉”声名远播。

敕封廉名

天宝十四年（755年），安史之乱爆发。渔阳鼙鼓震撼着大唐宫阙的帝基，惊破了华清池畔的霓裳羽衣曲，李隆基连同大唐盛世从顶峰跌落，帝国的歌舞升平烟消云散。

那一年，薛令之73岁。壮志未酬，忧愤交加，病。

公元756年，一个特别的年份。这一年，唐玄宗逃亡；这一年，唐肃宗即位；也正是这一年，薛令之与世长辞。

《福安县志》载："天宝之乱，令之退居城山。"此前，与他同为太子侍讲的诗人贺知章也辞去了秘书监之职，回乡做道士去了。而他自己也和贺知章的命运差不多，"少小离家老大回，乡音未改鬓毛衰"。

至德元年（756年），唐肃宗李亨在灵武（今属宁夏）即位，尊李隆基为太上皇。"肃宗乾元初以雅旧赠（贺知章）礼部尚书……令之长溪人，肃宗亦发旧恩召，而令之已前卒"。唐肃宗李亨思及与薛令之的师生情谊欲召其入朝，不料令之已卒。肃宗闻之潸然泪下，"嘉叹其廉"。作为新的君主，感念薛令之"有启沃旧恩"，觉得有必要表彰老师，并用以整顿吏治，于是"敕其乡曰廉村，水曰廉溪"。

那么，唐肃宗到底是何年何月派使者持诏到长溪石矶津寻找老师薛令之的呢？

福安《薛氏族谱》中可查到唐肃宗召先生回京的"诏词"，其中有这么几句话："一统山河依旧，九重城阙如新，修凤诏以待，诚奋鹏程而可望。"意思是说，山河已归统一，皇城宫殿业已修复，只待先生回来共奋鹏程。

结合当时的背景，可以推想时间应该在758年，薛令之已故3年。郭子仪在回纥部的配合下，杀贼6万余，活捉2万人，贼军统帅张通儒连夜逃亡。长安收复。同年，东都洛阳收复。

说此时一统山河，城阙修复如新，比较妥当。有学者提出“一统山河依旧，九重城阙如新”指的应该是“安史之乱”平定以后，这是不准确的，因为安史之乱763年才平定，而唐肃宗762年就已驾崩。这里的“一统山河依旧，九重城阙如新”应该只是“阶段性的胜利”。

公元758年前后，虽然取得了“阶段性的胜利”，但是唐肃宗看到了唐宫的凋敝，看到江山残破、百姓流离，昔日开元盛世的景象已经一去不复返。唐肃宗想起了老师多年来教导他要居安思危，要有忧患意识，要防备盛世底下潜伏的危机，如果老师还能在自己的身边教导自己，那该多好！

值得一提的是，福安甘棠《薛氏族谱》所载《唐肃宗召左补阙太子侍讲兼侍读国公薛令之诏词》中，有皇帝自称“螟子”二字，这可是不能等闲视之的信息。

螟子，是螟蛉之子的缩写，古文之意是义子。

皇帝自称义子，就是尊薛令之为义父。纵有“一日为师，终身为父”的说法，但于诏书中明文标示，这十分难得，也相当罕见，可见肃宗李亨对薛令之的感情何等深笃。故而，在所有《薛氏宗谱》和祠堂匾额中皆有“太子太傅”四字封号，诚为可信。

“及肃宗即位召欲以为大臣，而令之已卒，家赤贫。于是上益叹其廉，敕其乡曰廉村，溪曰廉溪以旌之。”使臣禀报，老师薛令之已故，肃宗顿足哀恸，当即颁旨：追赠大唐左补阙薛令之为太子太傅，赐其村庄为廉村，水为廉溪。

至此，廉村成为中国历史上唯一由皇帝赐封以“廉”字命名的村庄。后来当地的官员又把后面的山岭改成了廉岭，所以有了廉村、廉水、廉岭这“三廉”。从此，“三廉”声名远播。

苜蓿传家

薛令之和他的“苜蓿人生”注定千古流芳。

“苜蓿”一词，也早已成为形容官员清贫和廉洁的熟典，为历代诗文家频频使用。如苏轼就写过“久陪方丈曼陀雨，羞对先生苜蓿盘”。苏辙写过“手植天随菊，晨添苜蓿盘”。宋孝宗淳熙二年（1175年）进士陈造未仕时，在其《谢两知县送鹅酒羊面诗》中写道：“不因同里兼同姓，肯念先生苜蓿盘。”陆游也曾留有“饭余扪腹吾真足，苜蓿何妨日满盘”的诗句。

明代福安知县孟充的《题薛补阙祠诗》：“松桂庭台苜蓿盘，先生岂是厌清寒？牡鸡欲唱前星暗，归去廉溪且挂冠。”明代费宏在其《谢姜宽送芋子》中也有“芋魁相送满筠笼，应念冰盘苜蓿空”的诗句。清代福宁知府李拔来福安谒祠时，曾留诗曰：“公余谒补阙，祠水一潭清。景仰高风在，相知对月明。”清代大学士纪晓岚以“词臣只是儒官长，已办三年苜蓿盘”婉拒地方官的名贵食品馈赠。古代私塾启蒙读物《幼学琼林》中“桃李在公门，称人子弟之多。苜蓿长阑干，奉师饮食之薄”也是经典名句，深深地影响和教育着中国的读书人。

可见，作为“开闽第一进士”，薛令之的勤学苦读、清廉刚直影响后世至深。

这其中，明万历版《福安县志》记载的两首诗尤其值得品味。一首是御史郭珙的《题薛补阙祠》：

节义天下之大闲，见几而作人所难。

有唐官僚极要选，一薛去就轻重关。
开元未有天宝渐，东禁肯作廉村看。
君不见，慷慨言事杜补阙，下邽命下仗马寒。
又不见，曲江一言竟不合，痈疽覆护卒养奸。
渔阳鼙鼓声未动，干戈已伏衽席间。
凤凰岂不毛羽惜，羽翼纵短天地宽。
苜蓿盘，苜蓿盘，穆生醴酒孔子膰。
东宫官，东都祖道东门冠。
储君德性公养成，请诛一剑天实临。
霓裳之曲声袅袅，锦褓之爱夜沉沉。
吁嗟父子言尤难，都俞气象何可寻？
乾元念旧诏晚矣，公如可作羞山林。
明月团团想如昨，清风凛凛直至今。
史云怨望冤亦甚，人谓恬退知未深。
堂堂千载庸斋老，一语勘破补阙先生心。

另一首便是朱熹父亲朱松的《题薛补阙故居》：

有唐进士薛补阙，官兼侍读开元末。
悬知野鹿欲衔花，面向桑榆全晚节。
灵武匹马还京师，伊人驹谷犹遐思。
甘同西山采薇蕨，团团朝旭升旸谷。
照见盘中堆苜蓿，底用黄金二十斤，
燕享乡闾与亲族，商山高蹋不可攀。
岁暮何嫌松柏寒，廉溪清风起廉顽。
一似东都故人独钓桐江滩。

理学宗师朱熹曾三次来到福安，第一次是朱松带着7岁的他来廉村拜谒薛令之遗迹并写下这首诗，之后的两次，一次来避

富溪补阙祠

难，一次来讲学，所以与这块土地很有渊源。如今，廉村人还珍藏着朱熹留给他们的纪念物——一副写着“为善最乐，读书便佳”的亲笔题刻。

此外，各朝各代都有很多官员感怀薛令之的劲节清风。

明末兵部尚书刘中藻的《廉溪舟中》：

万态烟云一叶收，盘中虽冷亦何求？
廉溪风节清如许，且与黄花订晚秋。

清雍正（1723—1735）年间福安知县方士模的《廉村怀古》：

高怀那复恋朝簪？冷落东宫苜蓿吟。
身隐不须仓廪粟，岁寒方见老臣心。
闲花飘尽青山晚，野鸟啼残海树阴。
唯有开元旧明月，夜来还照碧溪深。

清乾隆（1736—1795）年间福宁知府李拔的《廉溪》：

明月清风绝跻攀，挂冠心共白云间。
遂初谁续当年赋？高卧廉泉让水间。

清道光（1821—1850）年间泰宁训导叶开树的《廉村怀古》：

廉村之山郁崔嵬，逶迤岭路绝尘埃。
廉村之水净如练，溪流晃漾含苍苔。
嘉名肇赐自唐代，山水都表薛公廉。
薛公开闽擢高第，侍讲职与补阙兼。
斋厨苜蓿阑干长，坐看团团初月上。
飘飘两袖拂清风，满座春风如长养。
当年峻望斗与山，至今童叟咸钦仰。
贪泉愚谷与廉乡，地以人表谁芬芳。
流溪岭路今犹古，式顽起懦功难量。
先生之风不再现，唯有山高而水长。

明万历举人巴陵知县崔世召的《朝旭堂访薛明月故里》：

补阙清班翰墨林，萧萧苜蓿想遗音。
唐家旧事传犹昨，韩坂高风说到今。
对尔只堪明月夜，何人能识岁寒心？
请看故里廉溪畔，山自孤高水自深。

风清可醒脑，月明可鉴心。廉村人秉持的清廉家风，穿过千年的岁月烟云，正越来越清晰，也越来越坚实地融入这块古老的土地中。这正是“清风劲吹，廉从绵延不绝的历史中走来；正气浩然，廉向时光荏苒深处走去”。

据传，临终前，薛令之只给子孙后代及邻村亲友留下20字遗言：“父言慈，子言孝，家声永振；书可读，田可耕，世业永存。”

“访廉以明志，鉴古而知今。”每年的冬至，是廉村最为隆重的日子。不管有多远，只要是从廉村出去的子孙，都会不远千里回到廉村祭祖，传承祖宗留下的精神财富。

世德作求
孝弟绳其祖武
詩書貽厥孫谋

第九章

劲节清风　源远流长

薛令之先生已远离我们一千多年了，但他给我们留下的劲节清风，在历经朝代兴替、政权更迭、人世沧桑、风霜雨雪之后，已然深深地嵌进了廉村这块古老的土地，积淀成一座让世人敬仰的高山。

薛令之去世后，乡亲们将他安葬在福安溪北洋的泉浦山，墓前建了一座清风亭，今墓道碑犹在，系宋嘉定十三年（1220年）“廉溪、黄澜、薛坂诸玄孙重立”。

薛令之墓道碑（宋宁宗嘉定十三年立此碑）

后唐（923—936）时，有陈姓迁入廉村。从北宋大观三年至南宋宝祐六年（1109—1258），150年间，廉村薛、陈两姓共有进士17人，平均每十年便会诞生一个进士。尤其陈雄“一门五进士，父子兄弟俱登高第”的盛况，一时传为佳话。如果算到清末，廉村就共有33位进士。遥想当年，锣鼓喧鸣、冠盖云集，官道两边村民夹道欢迎衣锦还乡的文官武将，场面何等壮观！

廉村陈氏祠堂照壁

在廉村有村规规定：族人若有不廉之士，要在村口立石碑谴责，还不能归葬族墓。廉村陈氏族人还总结升华薛令之的廉洁精神，立下了10条祖训族规：孝亲敬长之训，待人接物之训，尊师取友之训，敬宗睦族之训，敦勉勤俭之训，崇尚节义之训，诫革鸦片之训，早晚国课之训，疏离异端之训，严禁财博之训。这些祖训族规以薛令之的节义、廉洁为核心，经过千年传承，深深地嵌入廉村人的内心里。

薛令之的精神在不断地影响着福安人。“入仕者多以抗直辞归，宦囊纤薄，盖亦薛令之之遗风焉。”类似的叙述频频出现在历代州、府、县的史志之上。

廉村一门五进士古宅大门

福安乡贤刘中藻写下了两首关于“明月清风”的诗作，从中我们可以看到一个志趣高远的有为青年是怎样从乡贤身上汲取精神营养、成就自己一生的。其中一首便是：“万态烟云一叶收，盘中虽冷亦何求？廉溪风节清如许，且与黄花订晚秋。”

为了纪念薛令之，在金门，薛氏后裔还专门建了薛令之纪念馆。如今的宁德市、厦门市和福安的溪潭镇都以他的名字命名了“薛令之路”“令之路”和“令之大道”等多条道路。

补阙祠

据《高岑三廉薛氏族谱》记载：“补阙祠始建于唐光化二年（899年），历经盛衰，至清乾隆十八年（1753年）重建，道光二十八年（1848年）、咸丰八年（1858年）重修。”堂号“富溪补阙祠”，系祀唐左补阙薛令之及历代祖先。在中国传统的合院式建筑之中，主要建筑都在中轴线上，三进两天井，前为大门、戏台，中为享堂，后为寝室，加上左右的廊庑，组成前后两进两天井的建筑组群。现存的补阙祠，坐东向西，占地面积720平方米，为清代砖木结构建筑，沿中轴线设三进大厅，左右两厢各配两套厢房。1990年重修，并增建后厅。现补阙祠依次有戏台、祠厅、后厅，戏台面阔五间，进深五间；祠厅面阔五间，进深四间，穿斗式减柱造木构架，双坡顶，鹊尾脊。“太子太傅”竖匾悬挂于大门正上方，散发着古朴的乡野遗风，尽显庄严肃穆。补阙祠的文化灯盏，历代歆享不绝。

富溪补阙祠“太子太傅”牌匾

“富溪补阙祠”是福建厦门与长泰、浙江温州与苍南，以及中国台湾地区和东南亚三廉薛氏后裔公认的祖祠，乃薛氏子孙追溯历史、缅怀祖先、仰先祖之灵、祭先祖之魂的名标典籍。自1992年以来，台湾及东南亚地区的三廉薛氏后裔纷纷返祖祠拜谒先祖。1998年10月30日，金门珠山宗祠56名薛氏同胞来“富溪补阙祠”祭拜先祖，跨越海峡的祖根认同将大陆与台湾的血脉渊源连接起来。台湾宗亲珍爱“富溪补阙祠”，还多次捐款作为维修经费。“富溪补阙祠”是福建重要涉台文物，被福建省人民政府公布为第七批省级文物保护单位。

灵岩禅寺

灵岩禅寺位于福安市溪潭镇城山西侧之灵岩山，群山环抱，溪水潺潺，原为薛令之读书处“灵谷草堂”，唐咸通元年（860

灵岩禅寺

灵岩禅寺薛令之神像图

明月先生后裔捐银建寺明证（灵岩寺三宝殿大梁字迹）

年）改为寺庙。虽改为寺庙但还兼作学堂之用，如今还能看到寺院大堂横梁上有“薛明月公捐银贰拾两”的字样。之后宋、元、明、清，廉村所有入仕为官者皆是由此学堂而成就光祖大业。最为鼎盛时，此处建有大小院落36座，聚集僧众500余人。

千年古刹历史悠久，文物古迹众多，现寺保存的是宋代风格，其中的石阶、石狮、石径全是那个时代保留下来的。

明月祠

明月祠，原建于明正德八年（1513年），后失火被毁，乾隆四十三年（1778年）重建。薛令之出生于683年的中秋月夜，号“明月”，因此这个祠堂叫“明月祠”。我们入眼看到的第一副楹联“灵谷白云仙人旧馆，廉溪明月苜蓿清风”，讲的便是当年明月先生在灵谷草堂读书的场景。如今，廉溪上的清风明月依然印证和怀念着先生苜蓿为餐的清廉生活。而第二副楹联“吾邑三贤荣标甲座，闽中万士首破天荒”，则讲述着薛令之被尊为“福安三贤”之首、文破八闽之荒的荣耀。明月祠正中间有薛令之先生的神像。因为他是一位清官，当时的百姓认为好官就是神仙，

明月祠（后湖宫）

明月祠正中供奉着薛令之神像

值得钦佩、敬仰，故而把他当作神来供奉。神像上面有一块牌匾“覆载资生”，是光绪四年（1878年）的牌匾。“覆载”就是唐太宗的“水能载舟，亦能覆舟”之语；“资生”就是为官一任要服务百姓、造福苍生，所以这块匾富有政治教化意义。旁边的一副楹联，“首登皇榜自古八闽无双士”就是说薛令之是福建省的第一位进士，“帝赐廉明至今华夏第一村”就是说中国皇帝以“廉”字赐名的村庄就这一个廉村。

三贤祠

明万历四十七年（1619年），邑侯（知县）张公讳蔚然起建三贤祠，春秋祭祀薛令之、谢翱、郑虎臣三贤。清道光四年（1824年）重建，惜后来塑像被毁。但乡贤的高尚情操与丰功伟绩，却是亘古不灭。

三贤祠，坐落于福安市区中兴西街三贤路。现存清代所建古祠，占地面积192平方米，坐北向南，依次有大门、天井（两侧廊房）、祠厅，周以砖砌空斗墙。祠厅双层楼房，面阔三间，进深二间，穿斗式木构架，双坡顶。楼前石铺庭院（两侧廊房），庭前门廊紧靠门墙。三贤祠在福安文化史和福安人民心中具有相当重要的地位，明月先生的劲节清风、虎臣壮士的刚直忠烈、唏发诗翁的俊逸洒脱都堪为后人之楷模。古时当地学子考试前都有敬拜三贤的习惯，而今依旧让人追忆。

结　语

薛令之先生是“开闽第一进士”，先为翰林，后迁左补阙，辅佐隆基，勇于谏诤。在为太子师时，以廉明清正著称，死后，唐肃宗封其故居地为廉村、溪为廉溪，后世，福安百姓及官府因嘉其廉洁奉公，推其山岭为廉岭。自此，福安“三廉”名标典籍，传扬天下。

身为薛令之三十七世后裔，我觉得有责任把薛令之的精神发扬光大，特和陈智文先生共同撰写这本《薛令之：开闽进士　清廉典范》。薛令之先生著有《明月先生集》，可惜佚失不传，仅《全唐诗》录其诗二首，《高岑三廉薛氏族谱》录其诗五首。史料有限，编写过程困难重重。

感谢谢贻水、薛少恭等挚友带领前往实地考察，感谢陈桢女士拍摄了大量照片，感谢福安市博物馆张玉文、李芳菲提供部分珍贵史料。本书在编写的过程中，还参考了福安市明月文化研究会刘松年先生、福安市委宣传部原副部长余挺先生、福安市纪委王振秋先生，以及福安市著名文化学者罗承晋、李健民、陈佩勤先生等乡贤学者的有关研究成果，书中无法一一注明，在此表示衷心的感谢！

薛建雄

后　记

福建，山海相拥，人杰地灵，人文荟萃，英才辈出，产生了许多伟大的思想家、文学家、教育家、科学家和民族英雄、爱国先驱、革命将士、时代楷模。他们的教育成长、道德品行和思想文章，是福建的宝贵精神财富，教育和激励着一代代福建人努力学习、奋勇前行。福建省社会科学界联合会组织编写的“福建历史文化名人丛书”，以福建历史名人为题材，古今结合，意在从高处着眼、从基础着手，普及人文社会科学知识，促进人文道德养成，使社会科学知识走进大众、走进生活、走进现实，让更多的人了解福建历史名人，弘扬优秀传统文化，增强福建文化影响力和感染力，为建设文化强省添砖加瓦。

“福建历史文化名人丛书”（第三辑）所包含的董奉、薛令之、游酢、罗从彦、李侗、袁枢、蔡元定、刘克庄、俞大猷、洪承畴10个人物故事，记录了福建文化之于中国历史的影响，同时也以人物史的叙述方式生动地展现出中国人文精神的风骨和传统文化的传承。人物篇以人物生平为线索，在故事中体现传主的学问、事功、道德，凸显他们在中华文明进程中的重要作用，深入挖掘和阐发其内在精神，从而激起读者爱国爱乡的强烈情感，使之成为涵养社会主义核心价值观的重要源泉。

这套丛书以广大群众为读者对象，尤其是各年龄段的学生群体以及受过中等教育的读者，他们对这些历史名人的认知，大

多来源于历史课本、乡土教材、文化景点和博物馆，很难形成具体、深入、系统的认识。丛书深入浅出，雅俗共赏，通过一个个生动精彩的故事带领读者走进福建历史，走入人文社会科学的知识殿堂，融故事性、知识性、趣味性、可读性于一体，对提升大众的阅读水平、普及社会科学知识、提高人文社会科学文化素养和思想道德素质有着积极的作用。

福建省社科联党组书记、副主席林蔚芬对编撰出版工作提出明确要求，给予大力支持。省社科联党组成员、副主席缪建萍亲自指导本书的策划和编写工作。省社科联从事社科普及工作的李道兴、杨文飞、林彤、李培娟等具体组织实施本丛书的编撰出版工作。

专家刘小新老师对丛书写作大纲和书稿进行了认真审读，并提出了许多很好的意见和建议，在此表示感谢！

由于编撰出版时间紧，经验和水平有限，疏漏在所难免，敬请广大读者批评指正。

编委会

2017年8月